Buroom, te mwatireti ae aaintoa

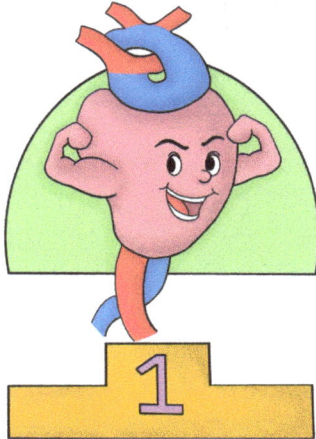

I0177046

Te korokaraki iroun Bernie Bissett
Te korotaamnei iroun Ka Mang Lee

Library For All Ltd.

E boutokaaki karaoan te boki aio i aan ana reitaki ae tamaaroa te Tautaeka ni Kiribati ma te Tautaeka n Aotiteeria rinanon te Bootaki n Reirei. E boboto te reitaki aio i aon katamaaroaan te reirei ibukiia ataein Kiribati ni kabane.

E boreetiaki te boki aio iroun te Library for All rinanon ana mwane ni buoka te Tautaeka n Aotiteeria.

Te Library for All bon te rabwata ae aki karekemwane mai Aotiteeria ao e boboto ana mwakuri i aon kataabangakan te ataibwai bwa e na kona n reke irouia aomata ni kabane. Noora libraryforall.org

Buroom, te mwatireti ae aaintoa

E moan boreetiaki 2022
E moan boreetiaki te katootoo aio n 2022

E boreetiaki iroun Library For All Ltd
Meeri: info@libraryforall.org
URL: libraryforall.org

Te korotaamnei iroun Ka Mang Lee

Atuun te boki Buroom, te mwatireti ae aaintoa
Aran te tia korokaraki Bissett, Bernie
ISBN: 978-1-922844-38-5
SKU02269

Buroom, te mwatireti ae aaintoa

Ko ataia ae iai te mwatireti ae aaintoa ae kaakarabaa i nanon bwaabwaam?

2

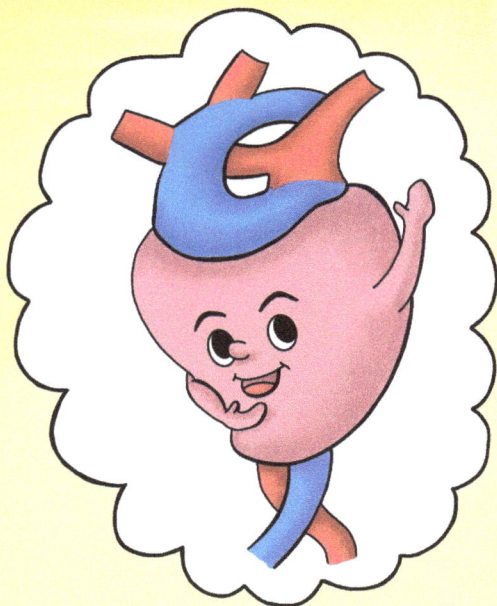

Ngkana ko matuu ao e aki toki ni
kakamwakuri te
mwatireti aio!

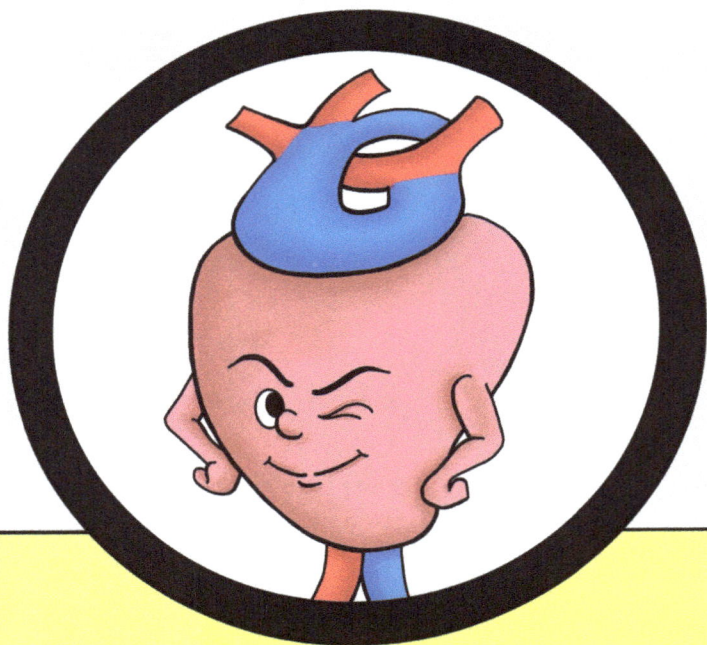

Te mwatireti ae
aaintoa aio bon
buroom.

Katimoia baim
teuana. Am timoi
aanne kaanga
buuburan buroom.

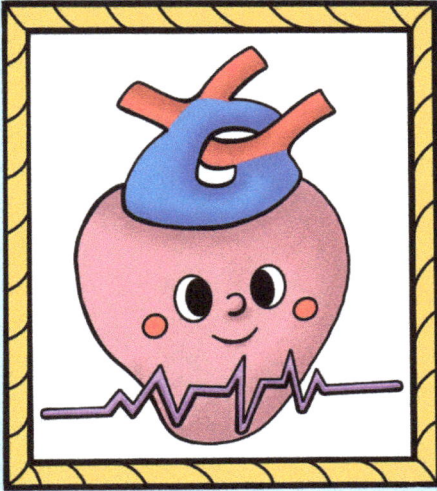

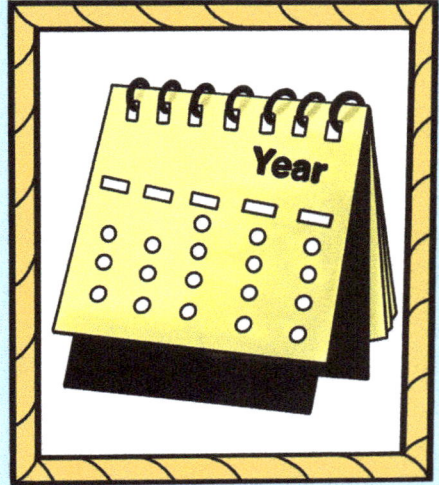

E kaania 5000 te tai
bukibukin buroom ni katoa
aoa. I nanon teuana te ririki
ae bwanin, e kona n riaon 42
te mirion mwaitin bukibukin
buroom.

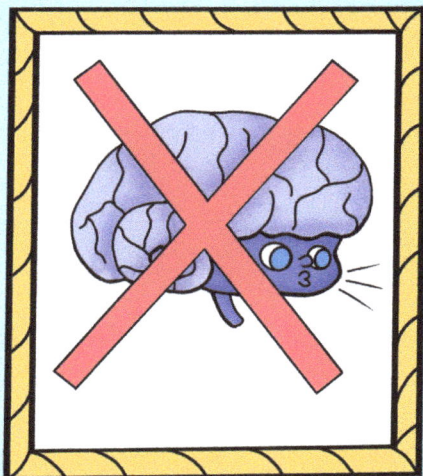

E ngae ngkana ko aki iangoia
raoi ao e bon teimatoa n riki
aio nakoim. E karaoaki raoi
buroom bwa e na kona ni
bon bukibuki irouna, e ngae
ngkana e aki tuangaki iroun
kaburorom.

Buroom bon te mwatireti ae aaintoa.

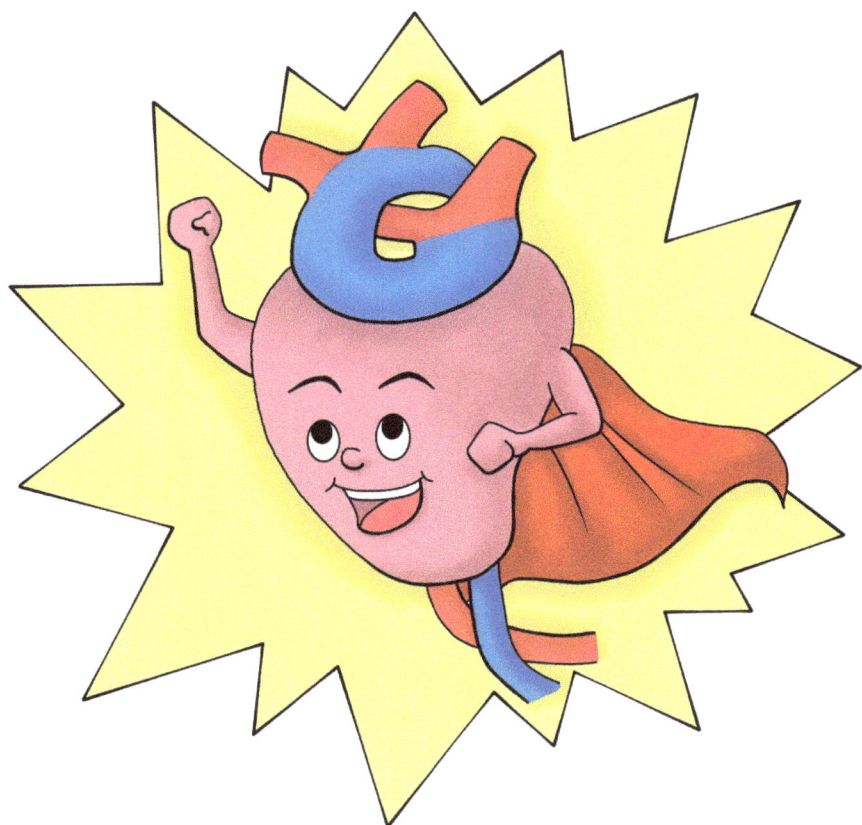

Buroom bon te tia karokoa te raraa ni kabutaa bwain rabwatam bwa e aonga ni mwakuri raoi.

Ngkana ko kakammwakuri n aron
te biribiri, a na kainanoa riki te
raraa mwatiretin rangam, bwa
aonga ni mwakuri raoi. E na riai
n tata bukibukin buroom bwa
e na karokoa te raraa nakon
mwatireti akanne. E kona n
tata bukibukin buroom 200 te
tai ni katoa miniti ngkana ko
kabanea birim.

A rau am mwatireti ngkana ko
matuu ao buroom e aki rangi
n tata bukibukina. E kona ni
bukibuki ni karaurau buroom
n tain matuum. E nakon 40 te
tai ni katoa miniti karaurauna
i nanon tain matuum. E kona ni
motirawa teutana buroom ma
e aki kona n toki!

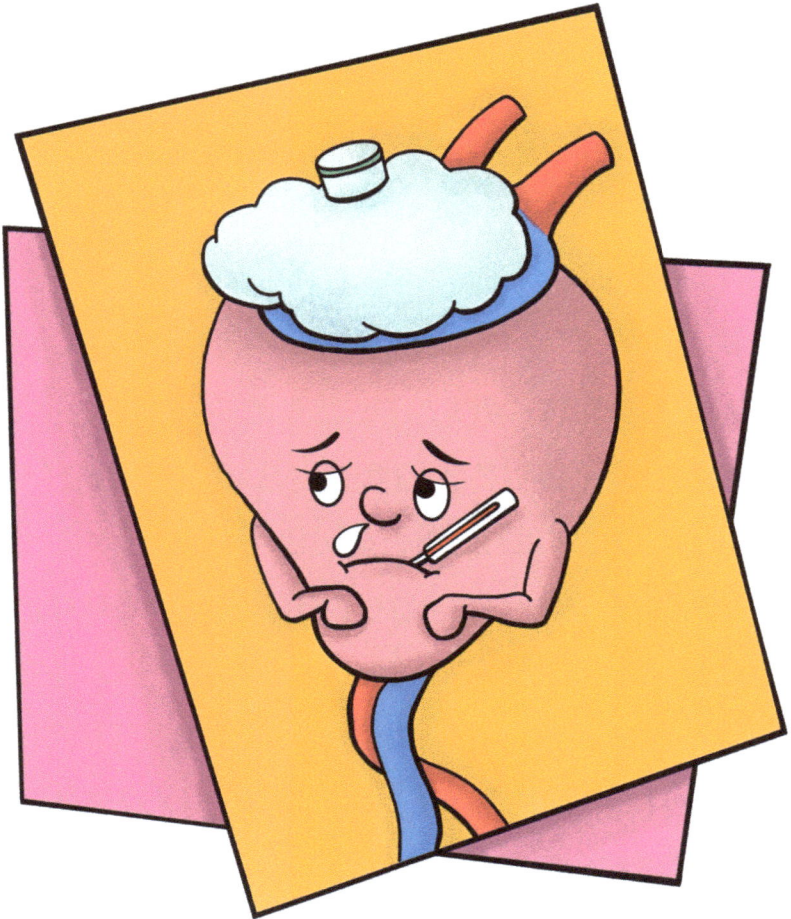

N tabetai, a kona naba n rootaki n te aoraki mwatireti aika korakora. Ngkana e aki tau te raraa n te buroo ao e na aki bukibuki raoi ao e na aki naba kona ni buti raoi te raraa ni kabutaa rabwatam.

E kona ni karika namakinan te bononiike iroun te aomata,

ke e kona naba n namakina te maraki ni bwaabwaa. Aio are e aranaki bwa 'aorakin te buroo'.

Ngkana ti na kateimatoaa marurungin ao korakoran buroora, ti kainnanoia bwa ti na karaoi bwaai aika uoua.

Ti kainnanoa te kakammwakuri ni
katoa bong ao ni bon angiin te tai
Ti kainnanoa kanakin amwarake
aika baeranti. A kona aikai ni
kakorakoraa buroom ao man
kabuta raoi raraam.

Ngkai ko a ataa rongorongon te mwatireti ae aaintoa aei i nanon bwaabwaam, ko a kona ngkanne ni kateimatoaa mwarurungina bwa e aonga ni kateimatoaa naba ana mwakuri – e ngae ngkana ko matuu!

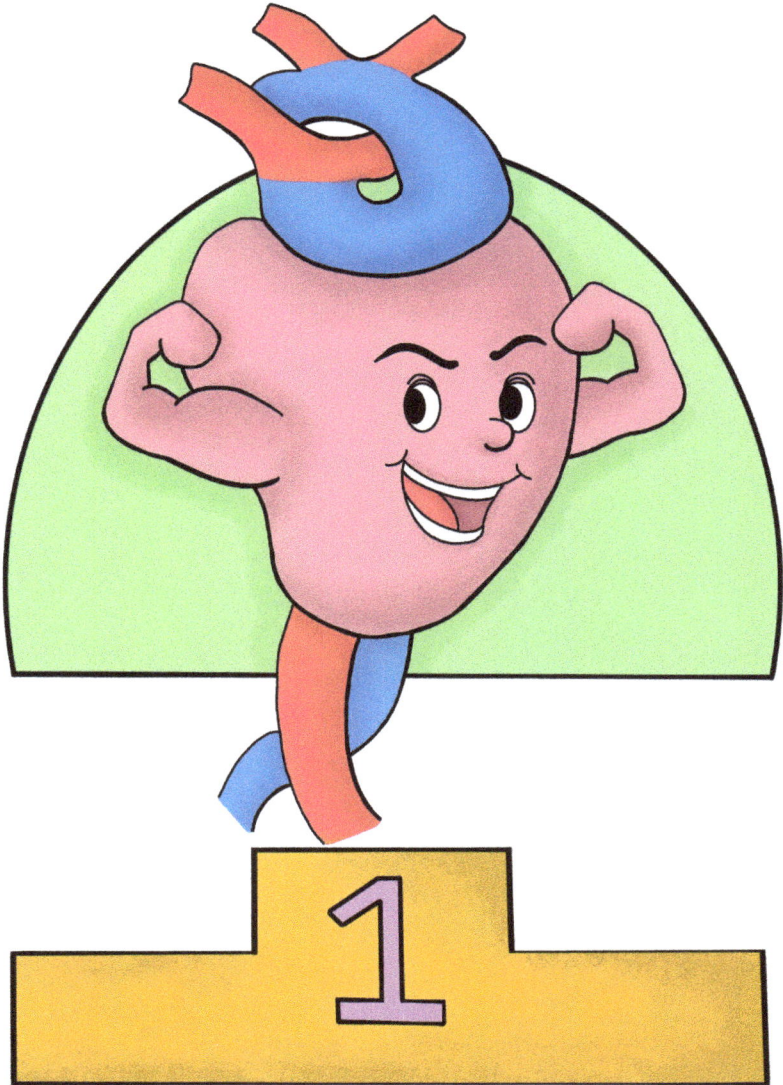

Ko kona ni kaboonganai titiraki aikai ni marooroooakina te boki aio ma am utuu, raoraom ao taan reirei.

Teraa ae ko reiakinna man te boki aio?

Kabwarabwaraa te boki aio.
E kaakamanga? E kakamaaku?
E kaunga? E kakaongoraa?

Teraa am namakin i mwiin warekan te boki aio?

Teraa maamaten nanom man te boki aei?

Rongorongon te tia korokaraki

Bernie Bisett bon te physiotherapist (taokitan te ikoaki ma te mwaoto) ao te tia reirei i Canberra, Australia ao iai naba ana PhD man te University of Queensland. E mmwakuri Bernie n te tabo n tararua ibukiia aika a kaakaiaki aorakiia, e buokiia aomata ni kamarurungiia man aorakiia ao ikoakiia. Ngkana e aki tei n te oonnaoraki ke tao n anga reirei Bernie ao e tangiria ni kateimatoaa marurungin rabwatana ao korakorana n te tabo n takaakaro, ke e biribiri n ana kaawa. E maeka Bernie ma natina aika 3 ao 2 ana kamea aika a takaremwa, aika Zoey ao Hu.

Ko kukurei n te boki aei?

Iai ara karaki aika a tia ni baarongaaki aika a kona n rineaki.

Ti mwakuri n ikarekebai ma taan korokaraki, taan kareirei, taan rabakau n te katei, te tautaeka ao ai rabwata aika aki irekereke ma te tautaeka n uarokoa kakukurein te wareware nakoia ataei n taabo ni kabane.

Ko ataia?

E rikirake ara ibuobuoki n te aonnaaba n itera aikai man irakin ana kouru te United Nations ibukin te Sustainable Development.

libraryforall.org

www.ingramcontent.com/pod-product-compliance
Lightning Source LLC
Chambersburg PA
CBHW040318050426
42452CB00018B/2905